गुंजन

गुंजन

सुमित्रानंदन पंत

लोकभारती प्रकाशन

लोकभारती प्रकाशन
पहली मंजिल, दरबारी बिल्डिंग, महात्मा गांधी मार्ग
प्रयागराज-211 001
वेबसाइट : www.lokbhartiprakashan.com
ईमेल : info@lokbhartiprakashan.com

शाखाएँ : 1-बी, नेताजी सुभाष मार्ग, दरियागंज
नई दिल्ली-110 002
अशोक राजपथ, साइंस कॉलेज के सामने
पटना-800 006
1, अनमोल सोराबजी संतुक लेन, धोबी तलाव,
मरीन लाइंस, मुम्बई-400 002

पहला संस्करण : 1932
चौथा लोकभारती संस्करण : 2024

बी.के. ऑफसेट
नवीन शाहदरा, दिल्ली-110 032
द्वारा मुद्रित

GUNJAN
by Sumitra Nandan Pant

ISBN : 978-81-8031-812-2

मूल्य : ₹ 495

विज्ञापन

गुंजन पाठकों के सामने है, इसमें सभी तरह की कविताओं का समावेश है; कुछ नवीन प्रयत्न भी। सुविधा के लिए प्रत्येक पद्य के नीचे रचना-काल दे दिया है। यदि गुंजन मेरे पाठकों का मनोरंजन कर सका, तो मुझे प्रसन्नता होगी, न कर सका तो आश्चर्य न होगा, यह मेरे प्राणों की उन्मन गुंजन मात्र है।

'मेंहदी' में दूसरे वर्ण पर स्वरपात मधुर लगता है, तब यह शब्द चार ही मात्राओं का रह जाता है, जैसा कि साधारणतः उच्चरित भी होता है। प्रिय प्रियाऽह्लाद से 'प्रिय प्रि'-'आह्लाद' अच्छा लगता है, इस प्रकार की स्वतन्त्रता मैंने कहीं-कहीं ली है। 'अनिर्वचनीय' के स्थान पर 'अनिर्वच', 'हरसिंगार' के स्थान पर 'सिंगार' आदि।

'पल्लव' की कविताओं में मुझे 'सा' के बाहुल्य ने लुभाया था।
यथा—

अर्ध-निद्रित-सा, विस्मृत-सा,
न जागृत-सा, न विमूर्छित-सा—इत्यादि।

'गुंजन' में 'रे' की पुनरुक्ति का मोह मैं नहीं छोड़ सका। यथा—

'तप रे मधुर-मधुर मन'—इत्यादि।

'सा' से, जो मेरी वाणी का सम्वादी स्वर एकदम 'रे' हो गया, यह उन्नति का क्रम संगीत-प्रेमी पाठकों को खटेगा नहीं, ऐसा मुझे विश्वास है।

इति

—सुमित्रानंदन पंत

नक्षत्र
कालाकांकर राज
(अवध)
१८ मार्च, १९३२

अनुक्रम

गुंजन

गुंजन

वन - वन उपवन-
छाया उन्मन - उन्मन गुंजन
नव वय के अलियों का गुंजन !

रुपहले, सुनहले, आम्र, मौर,
नीले, पोले औ' ताम्र भौंर,
रे गंध - अंध हो ठौर-ठौर

उड़ पाँति-पाँति में चिर उन्मन
करते मधु के वन में गुंजन !

वन के विटपों की डाल-डाल
कोमल कलियों से लाल-लाल,
फैली नव मधु की रूप ज्वाल,

जल-जल प्राणों के अलि उन्मन
करते स्पन्दन, भरते-गुंजन !

अब फैला फूलों में विकास,
मुकुलों के उर में मदिर वास,
अस्थिर सौरभ से मलय-श्वास,

जीवन-मधु-संचय को उन्मन
करते प्राणों के अलि गुंजन !

जनवरी, १९३२]

१

तप रे मधुर-मधुर मन !

विश्व वेदना में तप प्रतिपल,
जग-जीवन की ज्वाला में गल,
बन अकलुष, उज्ज्वल औ' कोमल
तप रे विधुर-विधुर मन !

अपने सजल-स्वर्ण से पावन
रच जीवन की मूर्ति पूर्णतम,
स्थापित कर जग में अपनापन;
ढल रे ढल आतुर मन !

तेरी मधुर मुक्ति ही बंधन
गंध-हीन तू गंध-युक्त बन
निज अरूप में भर स्वरूप, मन,
मूर्तिमान बन, निर्धन !
गल रे गल निष्ठुर मन !

जनवरी, १९३२]

२

शांत सरोवर का उर
किस इच्छ के लहरा कर
हो उठता चंचल, चंचल !

सोये वीणा के सुर
क्यों मधुर स्पर्श से मर्‌मर्‌
बज उठते प्रतिपल, प्रतिपल !

आशा के लघु अंकुर
किस सुख से पर फड़का कर
फैलाते नव दल पर दल !

मानव का मन निष्ठुर
सहसा आँसू में झर-झर
क्यों जाता पिघल-पिघल गल !

मैं चिर उत्कंठातुर
जगती के अखिल चराचर
यों मौन-मुग्ध किसके बल !

फरवरी, १९३२]

३

आते कैसे सूने पल
जीवन में ये सूने पल ?
जब लगता सब विश्रृंखल;
तृण, तरु, पृथ्वी, नभमंडल !

खो देती उर की वीणा
झंकार मधुर जीवन की,
बस साँसों के तारों में
सोती स्मृति सूनेपन की !

बह ज़ाता बहने का सुख,
लहरों का कलरव, नर्तन,
बढ़ने की अति-इच्छा में
जाता जीवन से जीवन !

आत्मा है सरिता के भी
जिससे सरिता है सरिता;
जल-जल है, लहर-लहर रे,
गति-गति सृति-सृति चिर भरिता !

क्या यह जीवन ? सागर में
जल भार मुखर भर देना !
कुसुमित पुलिनों की क्रीड़ा—
व्रीड़ा से तनिक न लेना !

सागर संगम में है सुख,
जीवन की गति में भी लय,
मेरे क्षण-क्षण के लघु कण
जीवन लय से हों मधुमय

जनवरी, १९३२]

४

मैं नहीं चाहता चिर सुख,
मैं नहीं चाहता चिर दुख,
सुख दुख की खेल मिचौनी
खोले जीवन अपना मुख !

सुख-दुख के मधुर मिलन से
यह जीवन हो परिपूरण;
फिर घन में ओझल हो शशि,
फिर शशि से ओझल हो घन !

जग पीड़ित है अति दुख से
जग पीड़ित रे अति सुख से,
मानव जग में बँट जाएँ
दुख सुख से औ' सुख दुख से !

अविरत दुख है उत्पीड़न,
अविरत सुख भी उत्पीड़न,
दुख-सुख की निशा-दिवा में,
सोता-जगता जग-जीवन ।

यह साँझ-उषा का आँगन,
आलिंगन विरह-मिलन का;
चिर हास—अश्रुमय आनन
रे इस मानव-जीवन का !

फरवरी, १९३२]

५

देखूं सबके उर की डाली—
किसने रे क्या-क्या चुने फूल
जग के छवि-उपवन से अकूल !
इसमें कलि, किसलय, कुसुम, शूल !

किस छवि, किस मधु के मधुर भाव ?
किस रँग, रस, रुचि से किसे चाव !
कवि से रे किसका क्या दुराव !

किसने ली पिक की विरह तान ?
किसने मधुकर का मिलन गान ?
या फुल्ल कुसुम, या मुकुल म्लान ?
देखूँ सबके उर की डाली—

सब में कुछ सुख के तरुण फूल
सब में कुछ दुख के करुण शूल—
सुख-दुख न कोई सका भूल ?

फरवरी, १९३२]

६

सागर की लहर लहर में
है हास स्वर्ण किरणों का,
सागर के अंतस्तल में
अवसाद अवाक् कणों का !

यह जीवन का है सागर,
जग-जीवन का है सागर,
प्रिय प्रिय विषाद रे इसका
प्रिय प्रि' आह्लाद रे इसका !

जग जीवन में हैं सुख-दुख,
सुख-दुख में है जग जीवन;
हैं बँधे विछोह-मिलन दो
देकर चिर स्नेहालिंगन !

जीवन की लहर-लहर से
हँस खेल-खेल रे नाविक !
जीवन के अंतस्तल में
नित बूड़-बूड़ रे भाविक !

फ़रवरी, १९३२]

७

आँसू की आँखों से मिल
भर ही आते हैं लोचन,
हँसमुख ही से जीवन का
पर हो सकता अभिवादन !

अपने मधु में लिपटा पर
कर सकता मधुप न गुंजन,
करुणा से भारी अंतर
खो देता जीवन-कंपन

विश्वास चाहता है मन,
विश्वास पूर्ण जीवन पर;
सुख-दुख के पुलिन डुबा कर
लहराता जीवन - सागर !

दुख इस मानव-आत्मा का
रे नित का मधुमय-भोजन
दुख के तम को खा-खा कर
भरती प्रकाश से वह मन !

अस्थिर है जग का सुख-दुख
जीवन ही सत्य चिरंतन !
सुख-दुख से ऊपर; मन का
जीवन ही रे अवलंबन !

फरवरी, १९३२]

८

कुसुमों के जीवन का पल
हँसता ही जग में देखा,
इन म्लान, मलिन अधरों पर
स्थिर रही न स्मिति की रेखा !

वन की सूनी डाली पर
सीखा कलि ने मुसकाना,
मैं सीख न पाया अब तक
सुख से दुख को अपनाना !

काँटों से कुटिल भरी हो
यह जटिल जगत की डाली,
इसमें ही तो जीवन के
पल्लव की फूटी लाली !

अपनी डाली के काँटे
बेधते नहीं अपना तन
सोने-सा उज्ज्वल बनने
तपता नित प्राणों का धन !

दुख-दावा से नव अंकुर
पाता जग-जीवन का वन,
करुणार्द्र विश्व की गर्जन
बरसाती नव जीवन-कण !

फरवरी, १९३२]

९

जाने किस छल-पीड़ा से
व्याकुल-व्याकुल प्रतिपल मन,
ज्यों बरस-बरस पड़ने को
हों उमड़-उमड़ उठते घन !

अधरों पर मधुर अधर धर,
कहता मदु स्वर में जीवन—
वस एक मधुर इच्छा पर
अर्पित त्रिभुवन-यौवन-धन

पुलकों से लद जाता तन,
मुँद जाते मंद से लोचन
तत्क्षण सचेत करता मन—
ना, मुझे इष्ट है साधन

इच्छा है जग का जीवन
पर साधन आत्मा का धन;
जीवन की इच्छा है छल
आत्मा का जीवन जीवन !

फिरतीं नीरव नयनों में
छाया-छबियाँ मन-मोहन
फिर-फिर विलीन होने को
ज्यों घिर-घिर उठते हों घन

ये आधी, अति इच्छाएँ
साधन भी बाधा बंधन ;
साधन भी इच्छा ही है
सम-इच्छा ही रे साधन !

रह-रह मिथ्या-पीड़ा से
दुखता-दुखता मेरा मन
मिथ्या ही बतला देती
मिथ्या का रे मिथ्यापन !

फरवरी, १९३२]

१०

क्या मेरी आत्मा का चिर धन ?
मैं रहता नित उन्मन, उन्मन !

प्रिय मुझे विश्व यह सचराचर,
तृण, तरु, पशु, पक्षी, नर, सुरवर,
सुन्दर अनादि शुभ सृष्टि अमर;

निज सुख से ही चिर चंचल मन,
मैं हूँ प्रतिपल उन्मन, उन्मन !

मैं प्रेम उच्चादर्शों का,
संस्कृति के स्वर्गिक-स्पर्शों का,
जीवन के हर्ष-विमर्षों का;

लगता अपूर्ण मानव-जीवन,
मैं इच्छा से उन्मन, उन्मन !

जग-जीवन में उल्लास मुझे,
नव आशा ; नव अभिलाष मुझे ;
ईश्वर पर चिर विश्वास मुझे ;

चाहिए विश्व को नव जीवन
मैं आकुल रे उन्मन उन्मन !

फरवरी १९३२]

११

खिलतीं मधु की नव कलियाँ
खिल रे, खिल रे मेरे मन!
नव सुषमा की पंखड़ियाँ
फैला, फैला परिमल-घन!

नव छवि, नव रँग, नव मधु से
मुकुलित, पुलकित हो जीवन!
सालस सुख की सौरभ से
साँसों का मलय-समीरण!

रे गूँज उठा मधुवन में
नव गुंजन, अभिनव गुंजन,
जीवन के मधु-संचय को
उठता प्राणों में स्पंदन!

खुल-खुल नव-नव इच्छाएँ
फैलातीं जीवन के दल,
गा-गा प्राणों का मधुकर
पीता मधुरस परिपूरण!

फरवरी १९३२]

१२

सुन्दर विश्वासों ही से
बनता रे सुखमय-जीवन,
ज्यों सहज-सहज साँसों से
चलता उर का मृदु स्पंदन !

हँसने ही में तो है सुख
यदि हँसने को होए मन,
भाते हैं दुख में आते
मोती-से आँसू के कण !

महिमा के विशद जलधि में
हैं छोटे-छोटे-से कण,
अणु से विकसित जग-जीवन
लघु अणु का गुरुतम साधन

जीवन के नियम सरल हैं ;
पर है चिर गूढ़ सरलपन ;
है सहज मुक्ति का मधु-क्षण ,
पर कठिन मुक्ति का बंधन !

फरवरी, १९३२]

१३

सुंदर मृदु-मृदु रज का तन,
चिर सुंदर सुख-दुख का मन
सुंदर शैशव यौवन रे
सुंदर-सुंदर जग-जीवन !

सुंदर वाणी का विभ्रम,
सुंदर कर्मों का उपक्रम,
चिर सुंदर जन्म-मरण रे
सुंदर-सुंदर जग-जीवन !

सुंदर प्रशस्त दिशि-अंचल,
सुंदर चिर लघु, चिर नव पल,
सुंदर पुराण-नूतन रे
सुंदर-सुंदर जग-जीवन !

सुंदर से नित सुंदरतर,
सुंदरतर से सुंदरतम,
सुंदर जीवन का क्रम रे
सुंदर-सुंदर जग-जीवन !

फरवरी, १९३२]

१४

गाता खग प्रातः उठकर—
सुंदर, सुखमय जग-जीवन !
गाता खग संध्या-तट पर—
मंगल, मधुमय जग-जीवन !

कहती अपलक तारावलि
अपनी आँखों का अनुभव;—
अवलोक आँख आँसू की
भर आतीं आँखें नीरव !

हँसमुख प्रसून सिखलाते
पल भर है, जो हँस पाओ,
अपने उर की सौरभ से
जग का आँगन भर जाओ !

उठ-उठ लहरें कहतीं यह
हम कूल विलोक न पाएँ,
पर इस उमंग में बह-बह
नित आगे बढ़ती जाएँ !

कँप-कँप हिलोर रह जाती—
रे मिलता नहीं किनारा !
बुद्‌बुद विलीन हो चुपके
पा जाता आशय सारा !

फरवरी, १९३२]

१५

विहग, विहग
फिर चहक उठे ये पुंज-पुंज,
कल कूजित कर उर का निकुंज,
चिर सुभग, सुभग !

किस स्वर्ण किरण की करुण कोर
कर गई इन्हें सुख से विभोर ?
किन नव स्वप्नों की सजग भोर ?
हँस उठे हृदय के ओर-छोर
जग जग खग करते मधुर रोर
मैं रे प्रकाश में गया बोर !

चिर मुँदे मर्म के गुहा द्वार,
किस स्वर्ग रश्मि ने आर-पार
छू दिया हृदय का अंधकार !
यह रे किस छवि का मदिर तीर ?
मधु मुखर प्राण का पिक अधीर
डालेगा क्या उर चीर-चीर !

अस्थिर है साँसों का समीर,
गुंजित भावों की मधुर भीर,
झर झरता सुख से अश्रु-नीर !

बहती रोओं में मलय बात,
स्पंदित उर, पुलकित पात-गात,
जीवन में रे यह स्वर्ण प्रात!

नव रूप, गंध, रँग, मधु, मरंद,
नव आशा अभिलाषा अमंद,
नव गीत-गुंज, नव भाव छंद,—
(ये)
विहग, विहग
जग उठे जग उठे पुंज पुंज,
कूजत-गुंजत कर उर निकुंज;
चिर सुभग, सुभग!

फरवरी, १९३२]

चाँदनी

जग के दुख-दैन्य-शयन पर
यह रुग्णा जीवन-बाला
रे कब से जाग रही, वह
आँसू की नीरव माला!

पीली पड़; निर्बल, कोमल,
कृश देह लता कुम्हलाई;
विवसना, लाज में लपटी
साँसों में शून्य समाई!

रे म्लान अंग, रँग, यौवन!
चिर मूक, सजल, नत चितवन!
जग के दुख से जर्जर उर,
बस मृत्यु शेष है जीवन!

वह स्वर्ण भोर को ठहरी
जग के ज्योतित आँगन पर,
तापसी विश्व की बाला
पाने नव जीवन का वर!

फरवरी, १९३२]

मानव

तुम मेरे मन के मानव,
मेरे गानों के गाने,
मेरे मानस के स्पंदन,
प्राणों के चिर पहचाने !

मेरे विमुग्ध-नयनों की
तुम कांत-कनी हो उज्ज्वल;
सुख की स्मिति की मृदु रेखा,
करुणा के आँसू कोमल !

सीखा तुम से फूलों ने
मुख देख मंद मुसकाना,
तारों ने सजल नयन हो
करुणा किरणें बरसाना !

सीखा हँसमुख लहरों ने
आपस में मिल खो जाना,
अलि ने जीवन का मधु पी,
मृदु राग प्रणय के गाना !

पृथ्वी की प्रिय तारावलि !
जग के वसंत के वैभव !
तुम सहज सत्य, सुन्दर हो,
चिर आदि और चिर अभिनव !

मेरे मन के मधुवन में
सुषमा के शिशु ! मुसकाओ,
नव नव साँसों का सौरभ,
नव मुख का सुख बरसाओ !

मैं नव नव उर का मधु पी,
नित नव ध्वनियों में गाऊँ,
प्राणों के पंख डुबाकर
जीवन-मधु में घुल जाऊँ !

जनवरी, १९३२]

१८

झर गई कली, झर गई कली !
चल सरित पुलिन पर वह विकसी,
उर के सौरभ से सहज बसी,
सरला प्रातः ही तो विहँसी,
रे कूद सलिल में गई चली !

आई लहरी चुंबन करने,
अधरों पर मधुर अधर धरने,
फेनिल मोती से मुँह भरने,
वह चंचल-सुख से गई छली !

आती ही जाती नित लहरी,
कब पास कौन किसके ठहरी ?
कितनी ही तो कलियाँ फहरीं,
सब खेलीं, हिलीं, रहीं सँभली !

निज वृन्त पर उसे खिलना था,
नव नव लहरों से मिलना था,
निज सुख-दुख सहज बदलना था,
रे गेह छोड़ वह बह निकली !

है लेन देन ही जग जीवन,
पर अपना सब का अपनापन,
खो निज आत्मा का अक्षय-धन,
लहरों में भ्रमित, गई निकली !

फरवरी, १९३२]

भावी पत्नी के प्रति

प्रिये, प्राणों की प्राण
न जाने किस गृह में अनजान
छिपी हो तुम, स्वर्गीय विधान !
नवल कलिकाओं की सी वाण,
बाल रति सी अनुपम, असमान,-
न जाने, कौन कहाँ, अनजान,
प्रिये, प्राणों की प्राण

जननि-अंचल में झूल सकाल
मृदुल उर कंपन सी वपुमान,
स्नेह सुख में बढ़ सखि ! चिरकाल
दीप की अकलुष शिखा समान;
कौन सा आलय; नगर विशाल
कर रहीं तुम दीपित, द्युतिमान ?
शलभ-चंचल मेरे मन-प्राण,
प्रिये, प्राणों की प्राण !

नवल मधुऋतु निकुंज में प्रात
प्रथम कलिका सी अस्फुट गात,
नील नभ-अंत:पुर में तन्वि !
दूज की कला सदृश नवजात,
मधुरता, मृदुता सी तुम, प्राण !
न जिसका स्वाद-स्पर्श कुछ ज्ञात
कल्पना हो, जाने, परिमाण ?
प्रिय, प्राणों की प्राण !

हृदय की पलकों में गति-हीन
स्वप्न संसृति सी सुखमाकार,
बाल भावुकता बीच नवीन
परी सी धरती रूप अपार,
झूलती उर में आज, किशोरि!
तुम्हारी मधुर मूर्ति छविमान,
लाज में लिपटी उषा समान,
प्रिये, प्राणों की प्राण!

मुकुल मधुपों का मृदु मधुभास,
स्वर्ण सुख, श्री सौरभ का सार
मनोभावों का मधुर विलास,
विश्व सुखमा ही का संसार;
दृगों में छा जाता सोल्लास
व्योम-बाला का शरदाकाश;
तुम्हारा आता जब प्रिय ध्यान,
प्रिये, प्राणों की प्राण!

अरुण अधरों की पल्लव-प्रात
मोतियों-सा हिलता-हिम-हास,
इन्द्रधनुषी पट से ढँक गात
बाल-विद्युत् का पावस-लास
हृदय में खिल उठता तत्काल
अधखिले-अंगों का मधुमास,
तुम्हारी छवि का कर अनुमान
प्रिये, प्राणों की प्राण!

खेल सस्मित सखियों के साथ
सरल शैशव सी तुम साकार,
लोल कोमल लहरों में लीन
लहर ही-सी कोमल; लघु भार;
सहज करती होगी, सुकुमारि!
मनोभावों से बाल बिहार
हंसिनी सी सर में कल-तान
प्रिये, प्राणों की प्राण!

खोल सौरभ का मृदु कच-जाल
सूँघता होगा अनल समोद,
सीखते होंगे उड़ खग-बाल
तुम्हीं से कलरव, केलि, विनोद,
चूम लघु पद चंचलता, प्राण!
फूटते होंगे नव जलस्रोत,
मुकुल बनती होगी मुसकान
प्रिये, प्राणों की प्राण!

मृदूर्मिल सरसी में सुकुमार
अधोमुख अरुण सरोज समान
मुग्ध कवि के उर के छू तार
प्रणय का-सा नव गान;
तुम्हारे शैशव में, सोभार,
पा रहा होगा यौवन प्राण;
स्वप्न-सा विस्मय-सा अम्लान,
प्रिये, प्राणों की प्राण!

अरे वह प्रथम मिलन अज्ञात !
विकंपित मृदु-उर, पुलकित गात,
सशंकित ज्योत्स्ना-सी चुपचाप,
जड़ित पद; नमित-पलक-दृग्-पात;
पास जब आ न सकोगी, प्राण !
मधुरता में सी मरी अजान
लाज की छुईमुई सी म्लान
प्रिप, प्राणों की प्राण !

सुमुखि, वह मधुक्षण ! वह मधुबार !
धरोगी कर में कर सुकुमार !
निखिल जब नर-नारी संसार
मिलेगा नव सुख से नव बार ;
अधर-उर-से उर-अधर समान
पुलक से पुलक, प्राण से प्राण,
कहेंगे नोरव प्रणयाख्यान !
प्रिये, प्राणों की प्राण !

अरे चिर गूढ़ प्रणय आख्यान !
जब कि रुक जायेगा अनजान
साँस-सा नभ उर में पवमान;
समय निश्चल, दिशि-पलक समान ;
अवनि पर झुक आएगा, प्राण !
व्योम चिर विस्मृति से म्रियमाण !
नील सरसिज-सा हो-हो म्लान,
प्रिये, प्राणों की प्राण !

एप्रिल, १९२७]

२०

कब से विलोकती तुमको
ऊषा आ वातायन से ?
संध्या उदास फिर जाती
सूने गृह के आँगन से !

लहरें अधीर सरसी में
तुमको तकतीं उठ-उठ कर,
सौरभ - समीर रह जाता
प्रेयस, ठंडी साँसें भर !

हैं मुकुल मुदे डालों पर,
कोकिल नीरव मधुवन में
कितने प्राणों के गाने
ठहरे हैं तुमको मन में !

तुम आओगी आशा में
अपलक हैं निशि के उडगण !
आओगी, अभिलाषा से
चंचल, चिर नव, जीवन-क्षण !

फरवरी, १९३२]

२१

मुसकुरा दी थीं क्या तुम, प्राण !
मुसकुरा दी थीं आज विहान ?

आज गृह-वन उपवन के पास
लूटता राशि-राशि हिम-हास,
खिल उठी आँगन में अवदात
कुंद-कलियाँ की कोमल-प्रात ।

मुसकुरा दी थीं, बोलो प्राण !
मुसकुरा दी थीं तुम अनजान ?

आज छाया चहुँदिशि चुपचाप
मृदुल मुकुलों का मौनालाप,
रुपहली कलियों से कुछ लाल,
लद गई पुलकित पीपल-डाल
और वह पिक की मर्म-पुकार
प्रिये ! झर-झर पड़ती साभार
लाज से गड़ी न जाओ, प्राण !
मुसकुरा दी क्या आज विहान !

अक्तूबर, १९२७]

२२

नील कमल सी हैं वे आँख!

डूबे जिनके मधु में पाँख—
मधु में मन-मधुकर के पाँख;
नील-जलज सी हैं वे आँख!

मुग्ध स्वर्ण किरणों ने प्रात
प्रथम खिलाए वे जलजात;
नील व्योम ने ढल अज्ञात
उन्हें नीलिमा दी नवजात;
जीवन की सरसी उस रात
लहरा उठी चूम मधु वात;
आकुल लहरों ने तत्काल
उनमें चंचलता दी ढाल;
नील नलिन-सी हैं वे आँख!

जिनमें बस उर का मधुबाल
कृष्ण कनी बन गया विशाल;
नील सरोरुह सी वे आँख!

जनवरी; १९३२]

२३

तुम्हारी आँखों का आकाश !
सरल आँखों का नीलाकाश—
खो गया मेरा खग अनजान,
मृगेक्षिणि ! इनमें खग अज्ञान !

देख इनका चिर करुण प्रकाश,
अरुण कोरों में उषा विलास
खोजने निकला निभृत निवास,
पलक पल्लव प्रच्छाय निवास,
न जाने ले क्या क्या अभिलाष
खो गया बाल विहग नादान !

तुम्हारे नयनों का आकाश
सजल, श्यामल, अकूल आकाश !
गूढ़, नीरव, गंभीर प्रसार,
न गहने को तृण का आधार
बसाएगा कैसे संसार,
प्राण ! इनमें अपना संसार !
न इनका ओर छोर रे पार,
खो गया वह नव पथिक अजान !

अक्तूबर, १९२७]

२४

नवल मेरे जीवन की डाल
बन गई प्रेम-विहग का वास !

आज मधुवन को उन्मद वात
हिला रे गई पात सा गात,
मंद द्रुम मर्मर सा अज्ञात
उमड़ उठता उर में उच्छ्वास !

नवल मेरे जीवन की डाल
बन गई प्रेम विहग का वास !

मदिर कोरों-से कोरक जाल
बेधते मर्म बार रे बार,
मूक-चिर प्राणों का पिक बाल
आज कर उठता करुण पुकार;

अरे अब जल-जल नवल प्रवाल
लगाते रोम-रोम में ज्वाल,
आज बौरे रे तरुण रसाल
भौंर-मन मँडरा गई सुवास !

मार्च, १९२८]

२५

आज रहने दो यह गृह-काज,
प्राण ! रहने दो यह गृह-काज !

आज जाने कैसी वातास
छोड़ती सौरभ-श्लथ उच्छ्वास,
प्रिये, लालस-सालस वातास,
जगा रोओं में सौ अभिलाष !

आज उर के स्तर-स्तर में, प्राण !
सजग सौ-सौ स्मृतियाँ सुकुमार,
दृगों में मधुर स्वप्न-संसार,
मर्म में मदिर स्पृहा का भार।

शिथिल, स्वप्निल पंखड़ियाँ खोल
आज अपलक कलिकाएँ बाल,
गूँजता भूला भौंरा डोल,
सुमुखि, उर के सुख से वाचाल

आज चंचल-चंचल मन-प्राण,
आज रे शिथिल-शिथिल तन-भार,
आज दो प्राणों का दिन-मान
आज संसार नहीं संसार !

आज क्या प्रिये, सुहाती लाज !
आज रहने दो सब गृह-काज !

फरवरी, १९३२]

मधुवन

आज नव मधु की प्रात
झलकती नभ-पलकों में, प्राण!
मुग्ध-यौवन के स्वप्न समान,—
झलकती, मेरी जीवन-स्वप्न! प्रभात
तुम्हारी मुख-छवि सी रुचिमान

आज लोहित मधु-प्रात
व्योम-लतिका में छायाकार
खिल रही नव पल्लव सी लाल,
तुम्हारे मधुर कपोलों पर सुकुमार
लाज का ज्यों मृदु किसलय जाल!

आज उन्मद मधु-प्रात
गगन के इंदीवर से नील
झर रही स्वर्ण-मरंद समान,
तुम्हारे शयन शिथिल सरसिज उन्मील
छलकता ज्यों मदिरालस, प्राण

आज स्वर्णिम मधु-प्रात
व्योम के विजन कुंज में, प्राण
खुल रही नवल गुलाब समान,
लाज के विनत वृंत पर ज्यों अभिराम
तुम्हारा मुख-अरविन्द सकाम!

प्रिये, मुकुलित मधु-प्रात
मुक्त नभ-वेणी में सोभार
सुहाती रक्त पलाश समान ;
आज मधुवन मुकुलों में झुक साभार
तुम्हें करता निज विभव प्रदान !

(२)

डोलने लगी मधुर मधुवात
हिला तृण व्रतति कुंज, तरु-पात,
डोलने लगी प्रिये ! मृदु वात
गंज-मधु-गंध धूलि हिम - गात !

खोलने लगी, शयित चिरकाल,
नवल कलि अलस पलक-दल जाल,
बोलने लगी डाल से डाल,
प्रमुद, पुलकाकुल कोकिल-बाल !

युवाओं का प्रिय पुष्प गुलाब,
प्रणय-स्मृति-चिन्ह, प्रथम मधुबाल,
खोलता लोचन-दल मदिराभ,
प्रिये, चल अलिदल से वाचाल।

आज मुकुलित-कुसुमित चहुँ ओर
तुम्हारी छवि की छटा अपार ;
फिर रहे उन्मद मधु - प्रिय भौंर
नयन पलकों के पंख पसार !

तुम्हारी मंजुल मूर्ति निहार
लग गई मधु के वन में ज्वाल,
खड़े किंशुक, अनार, कचनार
लालसा की लौ-से उठ लाल।

कपोलों की मदिरा पी प्राण!
आज पाटल गुलाब के जाल!
विनत शुक-नासा का धर ध्यान
बन गये पुष्प पलाश अराल!

खिल उठी चल दशनावलि आज
कुंद कलियों में कोमल आभ,
एक चंचल चितवन के व्याज
तिलक को चारु छत्र-सुख लाभ!

तुम्हारे चल पद चूम निहाल
मंजरित अरुण अशोक सकाल,
स्पर्श से रोम-रोम तत्काल
सतत सिंचित प्रियंगु की बाल!

स्वर्ण-कलियों की रुचि सुकुमार
चुरा चम्पक तुमसे मृदु-वास,
तुम्हारी शुचि स्मिति से साभार,
भ्रमर को आने दे क्यों पास?

देख चंचल मृदु-पटु पद - चार
लुटाता स्वर्ण-राशि कनियार,
हृदय फूलों में लिए उदार
नर्म-मर्मज्ञ मुग्ध मंदार!

तुम्हारी पी मुख-वास तरंग
आज बौरे, भौंरे, सहकार,
चुनाती नित लवंग निज अंग
तन्वि! तुम सी बनने सुकुमार!

लालिमा भर फूलों में, प्राण!
सीखती लाजवती मृदु लाज,
माधवी करती झुक सम्मान
देख तुम में मधु के सब साज!

नवेली बेला उर की हार;
मोतिया मोती की मुस्कान,
मोगरा कर्णफूल-सा स्फार,
अँगुलियाँ मदनबान की बान!

तुम्हारी तनु-तनिमा लघु-भार
बनी मृदु व्रतति-प्रतति का जाल
मृदुलता सिरिस-मुकुल सुकुमार,
विपुल पुलकावलि चीना-डाल!

प्रिये, कलि-कुसुम-कुसुम में आज
मधुरिमा मधु, सुखमा सुविकास,
तुम्हारी रोम-रोम छबि-व्याज
आ गया मधुबन में मधुमास!

(३)

वितरती गृह-वन मलय-समीर
साँस, सुधि, स्वप्न सुरभि, सुख, गान,
मार केशर-शर मलय-समीर
हृदय हुलसित कर, पुलकित प्राण!

बेलि-सी फैल-फैल नवजात
चपल, लघु-पद, लहलह, सुकुमार;
लिपट लगती मलयानिल गात
झूम, झुक-झुक सौरभ के भार

आज, तृण, छद, खग, मृग, पिक, कीर,
कुसुम, कलि, व्रतति, विटप, सोच्छ्वास
अखिल आकुल, उत्कलित, अधीर,
अवनि, जल, अनिल, अनल, आकाश !

आज वन में पिक, पिक में गान,
विटप में कलि, कलि में सुविकास,
कुसुम में रज, रज में मधु, प्राण !
सलिल में लहर, लहर में लास !

देह में पुलक, उरों में भार
भ्रुवों में भंग, दृगों में वाण,
अधर अमृत, हृदय में प्यार,
गिरा में लाज, प्रणय में मान !

तरुण विटपों से लिपट सुजात,
सिहरतीं लतिका मुकुलित गात,
सिहरतीं रह-रह सुख से, प्राण,
लोम-लतिका बन कोमल-गात !

गंध-गुंजित कुंजों में आज
बँधे बाँहों में छायाऽलोक,
मर्मरित छत्र, पत्र-दल व्याज
लिए द्रुम, तुमको खड़ी विलोक !

मिल रहे, नवल बेलि-तरु, प्राण !
शुकी-शुक, हंस-हंसिनी संग,
लहर-सर, सुरभि-समीर विहान,
मृगी, मृग, कलि-अलि, किरण-पतंग !

मिले अधरों से अधर समान,
नयन से नयन, गात से गात,
पुलक से पुलक; प्राण से प्राण,
भुजों से भुज, कटि से कटि शात !

आज तन-मन मन-मन हों लीन,
प्राण ! सुख-सुख स्मृति-स्मृति चिरसात्,
एक क्षण अखिल दिशावधि-हीन;
एक रस, नाम-रूप-अज्ञात !

अगस्त, १९३०]

२७

रूप-तारा तुम पूर्ण प्रकाम,
मृगेक्षिणि ! सार्थक-नाम !

एक लावण्य-लोक छविमान,
नव्य नक्षत्र समान,
उदित हो दृग-पथ में अम्लान
तारिकाओं की तान !
प्रणत का रच तुमने परिवेश
दीप्त कर दिया मनोनभ-देश ;
स्निग्ध सौन्दर्य-शिखा अनिमेष !
अमंद अनिन्द्य अशेष !

उषा-सी स्वर्णोदय पर भोर
दिखा मुख कनक-किशोर;
प्रेम की प्रथम मदिरतम-कोर
दृगों में दुरा कठोर ;
छा दिया यौवन-शिखर अछोर
रूप किरणों में बोर,
सजा तुमने सुख-स्वर्ण-सुहाग,
लाज-लोहित - अनुराग !

४

नयन-तारा बन मनोभिराम,
सुमुख, अब सार्थक करो स्वनाम !

तारिका-सी तुम दिव्याकार
चंद्रिका की झंकार !
प्रेम-पंखों में उड़ अनिवार
अप्सरी सो लघु-भार,
स्वर्ग से उतरीं क्या सोद्गार
प्रणय-हंसिनि सुकुमार ?
हृदय-सर में करने अभिसार,
रजत-रति स्वर्ण-विहार !

आत्म-निर्मलता में तल्लीन
चारु चित्रा सी, आभासीन !
अधिक छुपने में खुल अनजान
तन्वि ! तुमने लोचन मन छीन,
कर दिए पलक प्राण गति-हीन,
लाज के जल की मीन !
रूप की-सी तुम ज्वलित विमान,
स्नेह की सृष्टि नवीन !

हृदय-नभ-तारा बन छबिधाम
प्रिये ! अब सार्थक करो स्वनाम !

प्रथम यौवन मेरा मधुमास,
मुग्ध उर मधुकर, तुम मधु प्राण!
शयन लोचन, सुधि स्वप्न-विलास,
मधुर-तंद्रा प्रिय-ध्यान!
शून्य जीवन निसंग आकाश,
इंदु-मुख इंदु समान;
हृदय सरसी, छबि पद्म-विकास,
स्पृहाएँ ऊर्मिल-गान!

कल्पना तुममें एकाकार,
कल्पना में तुम आठों याम;
तुम्हारी छबि में प्रेम अपार,
प्रेम में छबि अभिराम;
अखिल इच्छाओं का संसार
स्वर्ण छबि में निज गढ़ छबिमान,
बन गई मानसि! तुम साकार
देह दो एक-प्राण!

नवम्बर, १९२५]

२८

कलरव किसको नहीं सुहाता ?
कौन नहीं इसको अपनाता ?
यह शैशव का सरल हास है;
सहसा उर में है आ जाता !

कलरव किसको नहीं सुहाता ?
कौन नहीं इसको अपनाता ?
यह उषा का नव विकास है,
जो रज को है रजत बनाता !

कलरव किसको नहीं सुहाता ?
कौन नहीं इसको अपनाता ?
यह लघु लहरों का विलास है;
कलानाथ जिसमें खिंच आता !

१९२२]

२९

अलि ! इन भोली बातों को
अब कैसे भला छिपाऊँ;
इस आँख मिचौनी से मैं
कह ? कब तक जी बहलाऊँ;

मेरे कोमल भावों को
तारे क्या आज गिनेंगे ?
कह ? इन्हें ओस बूँदों-सा
फूलों में फैला आऊँ ?

अपने ही सुख में खिल-खिल
उठते ये लघु लहरों-से
अलि ! नाच-नाच इनके सँग
इनमें ही मिल-मिल जाऊँ ?

निज इंद्रधनुष - पंखों में
जो उड़ते ये तितली-से,
मैं भी फूलों के वन में
क्या इनके सँग उड़ जाऊँ ?

क्यों उछल चटुल मीनों-से
मुख दिखला ये छिप जाते!
कह, डूब हृदय-सरसी में
इनके मोती चुन लाऊँ?

शशि की-सी कुटिल कलाएँ
देखो, ये निशि-दिन बढ़ते,
अलि! ये उमड़-उमड़ सागर-सी
अंबर के तट छू आऊँ!

चुपके दुविधा के तम में
ये जुगनू-से जल उठते,
कह, इनके नव दीपों से
तारों का व्योम बनाऊँ!

—ना, पीले तारों-सी ही
मेरी कितनी ही बातें
कुम्हला चुपचाप गई हैं,
मैं कैसे इन्हें भुलाऊँ!

१९३२]

३०

आँखों की खिड़की से उड़-उड़
आते ये आते मधुर विहग,
उर-उर से सुखमय भावों के
आते खग मेरे पास सुभग !

मिलना जब कुसुमित जन समूह
--नयनों का नव मुकुलित मधुवन–
पलकों की मृदु पंखुड़ियों पर
मँडराते मिलते ये खग गण !

निज कोमल पंखों से छूकर
ये पुलकित. कर देते तन-मन,
अस्फुट स्वर में मन की बातें
कहते रे मन से ये क्षण-क्षण !

उर-उर में मृदु-मृदु भावों के
विहगों के रहते नीड़ सुभग,
इस उर से उस उर में उड़ते
ये मन के सुंदर स्वर्ण-विहग !

फरवरी, १९३२]

३१

जीवन की चंचल सरिता में
फेंकी मैंने मन की जाली,
फँस गईं मनोहर भावों की
मछलियाँ सुघर, भोली-भाली !

मोहित हो, कुसुमित पुलिनों से
मैंने ललचा चितवन डाली,
बहु रूप रंग रेखाओं की
अभिलाषाएं देखी-भाली !

मैंने कुछ सुखमय इच्छाएँ
चुन लीं सुंदर; शोभाशाली,
औ' उनके सोने-चाँदी से
भर ली प्रिय प्राणों की डाली !

सुनता हूँ; इस निस्तल जल में
रहती मछली मोतीवाली,
पर मुझे डूबने का भय है
भाती तट की चल जल-माली ।

आएगी मेरे पुलिनों पर
वह मोती की मछली सुंदर;
मैं लहरों के तट पर बैठा
देखूँगा उसकी छबि जी भर !

फरवरी, १९३२]

३२

मेरा प्रतिपल सुन्दर हो
प्रतिदिन सुन्दर; सुखकर हो,
यह पल-पल का लघु जीवन
सुंदर सुखकर, शुचितर हो!
हो बूँदें अस्थिर, लघुतर,
सागर में बूँदें सागर;
यह एक बूँद जीवन का
मोती सा सरस; सुघर हो

मधुऋतु के कुसुम मनोहर,
कुसुमों की ही मधु प्रियतर,
यह एक मुकुल मानस का
प्रमुदित, मोदित मधुमय हो!
मेरा प्रतिपल निर्भय हो,
निःसंशय मंगलमय हो,
यह नव-नव पल का जीवन
प्रतिपल तन्मय, तन्मय हो!

जनवरी, १९३१]

३३

आज शिशु के कवि को अनजान
मिल गया अपना गान !

खोल कलियों ने उर के द्वार
दे दिया उसको छबि का देश ;
बजा भौंरों ने मधु के तार
कह दिए भेद भरे संदेश ;
आज सोये खग को अज्ञात
स्वप्न में चौंका गई प्रभात ;
गूढ़ संकेतों में हिल पात
कह रहे अस्फुट बात ;

आज कवि के चिर चंचल-प्राण
पा गए अपना गान !

दूर उन खेतों के उस पार;
जहाँ तक गई नील झंकार ;
छिपा छाया-वन में सुकुमार
स्वर्ग की परियों का संसार !
वहीं, उन पेड़ों में अज्ञात
चाँद का है चाँदी का वास,
वहीं से खद्योतों के साथ
स्वप्न आते उड़-उड़ कर पास;
इन्हीं में छिपा कहीं अनजान
मिला कवि को निज गान !

आज शिशु के कवि को अम्लान
मिल गया अपना गान ?

जनवरी, १९३२]

३४

लाई हूँ फूलों का हास,
लोगी मोल, लोगी मोल ?
तरल तुहिन-वन का उल्लास
लोगी मोल, लोगी मोल ?

फैल गई मधुऋतु की ज्वाल,
जल-जल उठतीं वन की डाल !
कोकिल के कुछ कोमल बोल
लोगी मोल, लोगी मोल ?

उमड़ पड़ी पावस परिप्रोत—
फूट रहे नव नव जल स्रोत !
जीवन की वे लहरें लोल
लोगी मोल लोगी मोल ?

विरल जलद-पट खोल अजान
छाई शरद रजत मुसकान ;
यह छवि की ज्योत्स्ना अनमोल ?
लोगी मोल, लोगी मोल ?

अधिक अरुण है आज सकाल ?
चहक रहे जग-जग खग-बाल;
चाहो तो सुन लो जी खोल
कुछ आज न लूँगी मोल ?

एप्रिल, १९२७]

३५

जीवन का उल्लास,—
यह सिहर, सिहर,
यह लहर, लहर;
यह फूल फूल करता विलास !

रे फैल-फैल फेनिल हिलोल
उठती हिलोल पर लोल-लोल;
सत युग के शत बुद्‌बुद् विलीन,
बनते पल-पल शत-शत नवीन,
जीवन का जलनिधि डोल-डोल
कल-कल छल-छल करता किलोल !

डूबे दिशि-पल के ओर-छोर
महिमा अपार; सुषमा अछोर !

जग-जीवन का उल्लास;
यह सिहर; सिहर;
यह लहर, लहर;
यह फूल-फूल करता विलास !

फरवरी, १९३२]

३६

प्राण ! तुम लघु-लघु गात !
नील नभ के निकुंज में लीन
नित्य नीरव, निःसंग ; नवीन,
निखिल छबि की छबि ! तुम छबि-हीन
अप्सरी - सी अज्ञात !

अधर मर्मर युत, पुलकित अंग,
चूमतीं चल-पद चपल तरंग,
चटकतीं कलियाँ पा भ्रू-भंग,
थिरकते तृण, तरु पात !

हरित-द्युति चंचल अंचल-छोर
सजल-छबि, नील-कंचु, तन गौर
चूर्ण-कच, साँस सुगंध-झकोर ;
परों में सायं-प्रात !

विश्व-हृत्-शतदल निभृत-निवास ;
अहर्निश साँस-साँस में लास ;
अखिल जग-जीवन हास-विलास ;
अदृश्य अस्पृश्य ; अजात !

१९३०]

३७

जग के उर्वर आँगन में
बरसो ज्योतिर्मय जीवन !
बरलो लघु लघु तृण तरु पर
हे चिर अव्यय, चिर नूतन !

बरसो कुसुमों में मधु बन ;
प्राणों में अमर प्रणय-धन ,
स्मिति-स्वप्न अधर-पलकों में ,
उर-अंगों में सुख-यौवन !

छू-छू जग के मृत रज कण
कर दो तृण-तरु में चेतन ;
मृण्मरण बाँध दो जग का
दे प्राणों का आलिंगन !

बरसो सुख बन, सुषमा बन ,
बरसो जग-जीवन के धन !
दिशि-दिशि में औ' पल-पल में
बरसो संसृति के साधन !

जून, १९३०]

३८

नीरव तार हृदय में
गूंज रहे हैं मंजुल लय में ;
रहस स्पर्श से अरुणोदय में !
नीरव तार हृदय में—

चरण-कमल पर अर्पण कर मन ,
रज-रंजित कर तन ,
मधुरस-मज्जित कर मम जीवन

चरणाऽमृत-आशय में !
नीरव तार हृदय में—

नित्य-कर्म-पथ पर तत्पर धर ;
निर्मल कर अंतर ;
पर-सेवा का मृदु-पराग भर
मेरे मधु संचय में !

१६१८]

विहग के प्रति

विजन वन के ओ विहग कुमार,
आज घर-घर रे तेरे गान;
मधुर मुखरित हो उठा अपार
जीर्ण जग का विषण्ण उद्यान!

सहज चुन-चुन लघु तृण, खर, पात;
नीड़ रच-रच निशि-दिन सायास;
छा दिये तूने, शिल्पि सुजात;
जगत की डाल-डाल में वास!

मुक्त पंखों में उड़ दिन-रात,
सहज स्पंदित कर जग के प्राण,
शून्य नभ में भर दी अज्ञात
मधुर जीवन की मादक तान!

सुप्त जग में गा स्वप्निल गान
स्वर्ण से भर दी प्रथम प्रभात,
मंजु गुंजित हो उठा अज्ञान
फुल्ल जग-जीवन का जलजात!

श्रांत, सोती जब संध्या-वात,
विश्व-पादप निश्चल, निष्प्राण,—
जगाता तू पुलकित कर पात
जगत-जीवन का शतमुख गान !

छोड़ निर्जन का निभृत निवास,
नीड़ में बँध जग के सानंद
भर दिए कलरव से दिशि-आस
गृहों में कुसुमित, मुदित, अमंद !

रिक्त होते जब-जब तरु-वास
रूप धर तू नव-नव तत्काल,
नित्य नादित रखना सोल्लास
विश्व के अक्षय-वट की डाल !

मुग्ध रोओं में मेरे, प्राण !
बना पुलकों के सुख का नीड़,
फूँकता तू प्राणों में गान
हृदय मेरा तेरा आक्रीड !

दूर वन के ओ राजकुमार !
अखिल उर-उर में तेरे गान,
मधुर इन गीतों से सुकुमार,
अमर मेरे जीवन, मन, प्राण !

अगस्त, १९३०]

एक तारा

नीरव संध्या में प्रशांत
डूबा है सारा ग्राम प्रांत!
पत्रों के आनत अधरों पर सो गया निखिल वन का मर्मर,
ज्यों वीणा के तारों में स्वर!
खग कूजन भी हो रहा लीन, निर्जन गोपथ अब धूलि हीन;
धूसर भुजंग-सा जिह्म, क्षीण!
झींगुर के स्वर का प्रखर तीर केवल प्रशांति को रहा चीर,
संध्या-प्रशांति को कर गंभीर!
इस महा शांति का उर उदार, चिर आकांक्षा की तीक्ष्ण धार
ज्यों बेध रही हो आर-पार!
अब हुआ सांध्य स्वर्णाभ लीन,
सब वर्ण-वस्तु स विश्व हीन!
गंगा के चल जल में निर्मल, कुम्हला किरणों का रक्तोत्पल
है मूँद चुका अपने मृदु दल!
लहरों पर स्वर्ण रेख सुंदर पड़ गई नील, ज्यों अधरों पर
अरुणाई प्रखर शिशिर से डर!

तरु शिखिरों से वह स्वर्ण विहग उड़ गया, खोल निज पंख सुभग
किस गुहा-नीड़ में रे किस भाग!
मृदु-मृदु स्वप्नों से भर भर-अंचल, नव नील-नील, कोमल-कोमल
छाया तरु-वन में तम श्यामल!
पश्चिम नभ में हूँ रहा देख
उज्ज्वल, अमंद नक्षत्र एक!
अकलुष, अनिन्द्य नक्षत्र एक ज्यों मूर्तिमान ज्योतित विवेक,
उर में हो दीपित अमर टेक!

स्वर्णाकांक्षा का प्रदीप वह लिए हुए ? किसके समीप ?
मुक्तालोकित ज्यों रजत सीप !
क्या उसकी आत्मा का चिर धन ? स्थिर अपलक नयनों का चिन्तन ?
क्या खोज रहा वह अपनापन !
दुर्लभ रे दुर्लभ अपनापन, लगता यह निखिल विश्व निर्जन,
वह निष्फल इच्छा से निर्धन !
आकांक्षा का उच्छ्वसित वेग
मानता नहीं बंधन-विवेक !
चिर आकांक्षा से ही ; थर-थर्, उद्वेलित रे अहरह सागर,
नाचती लहर पर हहर लहर !
अविरत इच्छा ही में नर्तन करते अबाध रवि-शशि, उडुगन ;
दुस्तर आकांक्षा का बंधन !
रे उडु, क्या जलते प्राण विकल ? क्या नीरव-नीरव नयन सजल !
जीवन निसंग रे व्यर्थ विफल !
एकाकीपन का अंधकार, दुस्सह है इसका मूक भार,
इसके विषाद का रे न पार !

चिर अविचल पर, तारक अमंद !
जानता नहीं वह छंद-बंद !
वह रे अनंत का मुक्त मीन, अपने असंग सुख में विलीन,
स्थित निज स्वरूप में चिर नवीन !
निष्कंप शिखा-सा वह निरुपम भेदता जगत-जीवन का तम,
. वह शुद्ध, प्रबुद्ध शुक्र वह सम !
....
गुंजित अलि-सा निर्जन अपार, मधुमय लगता घन अंधकार
हलका एकाकी व्यथा भार !
जगमग-जगमग नभ का आँगन लद गया कुंद कलियों से घन,
वह आत्म और यह जग-दर्शन !

[फरवरी, १९३२]

चाँदनी

नीले नभ के शतदल पर
वह बैठी शारद हासिनि,
मृदु करतल पर शशि-मुख धर,
नीरव, अनिमिष एकाकिनि !

वह स्वप्न-जड़ित नत चितवन
छू लेती अग-जग का मन,
श्यामल, कोमल, चल चितवन
जो लहराती जग-जीवन !

वह फूली बेला की वन
जिसमें न नाल; दल कुड्मल;
केवल विकास चिर निर्मल
जिसमें डूबे दश दिशि-दल !

वह सोई सरित-पुलिन पर
साँसों में स्तब्ध समीरण;
केवल लघु-लघु लहरों में
मिलना मृदु-मृदु उर स्पंदन !

अपनी छाया में छिप कर
वह खड़ी शिखर पर सुन्दर,
हैं नाच रहीं शत-शत छबि
सागर की लहर-लहर पर !

दिन की आभा दुलहिन बन
आई निशि-निभृत शयन पर
वह छबि की छुई-मुई-सी
मृदु मधुर लाज से मर-मर !

जग के अस्फुट स्वप्नों का
वह हार गूँथती प्रतिपल,
चिर सजल-सजल करुणा से
उसके ओसों का अंचल !

वह मृदु मुकुलों के मुख में
भरती मोती के चुम्बन,
लहरों के चल करतल में
चाँदी के चंचल उडुगण !

वह लघु परिमल के घन-सी
जो लीन अनिल में अविकल,
सुख के उमड़े सागर-सी
जिसमें निमग्न उर-तट स्थल !

वह स्वप्लिन शयन-मुकुल-सी
हैं मूँदे दिवस के द्युति दल,
उर में सोया जग का अलि,
नीरव जीवन-गुंजन कल !

वह नभ के स्नेह श्रवण में
दिशि की गोपन-संभाषण,
नयनों के मौन मिलन में
प्राणों की मधुर समर्पण !

वह एक बूँद संसृति की
नभ के विशाल करतल पर,
डूबे असीम सुषमा में
सब ओर-छोर के अंतर !

झंकार विश्व जीवन की
हौले-हौले होती लय
वह शेष, भले ही अविदित,
वह शब्द-मुक्त शुचि आशय !

वह एक अनंत प्रतीक्षा
नीरव, अनिमेष विलोचन,
अस्पृश्य, अदृश्य विभा वह,
जीवन की साश्रु-नयन क्षण !

वह शशि किरणों से उतरी
चुपके मेरे आँगन पर,
उर की आभा में खोई,
अपनी ही छवि से सुंदर !

वह खड़ी दृगों के सम्मुख
सब रूप, रेख, रँग ओझल,
अनुभूति मात्र भी उर में
आभास शांत, शुचि, उज्ज्वल !

वह है, वह नहीं, अनिर्वच,
जग उसमें, वह जग में लय,
साकार चेतना सी वह,
जिसमें अचेत जीवाशय !

फरवरी, १९३२]

अप्सरा

निखिल कल्पनामयि अयि अप्सरि !
अखिल विस्मयाकार !
अकथ, अलौकिक, अमर, अगोचर
भावों की आधार !
गूढ़, निरर्थ, असंभव, अस्फुट
भेदों की शृंगार !
मोहिनि, कुहुकिनि, छल-विभ्रममयि,
चित्र-विचित्र अपार !

शैशव की तुम परिचित सहचरि
जग के चिर अनजान
नव शिशु के सँग छिप-छिप रहती
तुम, माँ का अनुमान;
डाल अँगूठा शिशु के मुँह में
देती मधु स्तन दान,
छिपी थपक से उसे सुलाती,
गा-गा नीरव-गान !

तंद्रा के छाया-पथ से आ
शिशु-उर में सविलास,
अधरों के अस्फुट मुकुलों में
रँगती स्वप्निल हास,

दंत कथाओं से अबोध शिशु
सुन विचित्र इतिहास
नव नयनों में नित्य तुम्हारा
रचते रूपाभास !

प्रथम रूप-मदिरा से उन्मद
यौवन में उद्दाम
प्रेयसि के प्रत्यंग अंग में
लिपटी तुम अभिराम;
युवती के उर में रहस्य बन,
हरती मन प्रतियाम,
मृदुल पुलक-मुकुलों से लद कर
देह लता छबि-धाम !

इंद्रलोक में पुलक नृत्य तुम
करती लघु-पद-भार,
तड़ित्-चकित चितवन से चंचल
कर सुर सभा अपार !
नग्न देह में सतरँग सुरधनु
छाया - पट सुकुमार,
खोंस नील नभ की वेणी में
इंदु कुन्त-द्युति स्फार !

स्वर्गंगा में जल-विहार जब
करती, बाहु - मृणाल !
पकड़ तैरते इंदु-विम्ब के
शत-शत रजत मराल;

उड़-उड़ नभ में शुभ्र फेन कण
बन जाते मृदु-बाल,
सजल देह-द्युति चल लहरों में
बिम्बित सरसिज-माल!

रवि-छबि-चुबित चल जलदों पर
तुम नभ में, उस पार,
लगा अंक से तड़ित-भीत शशि—
मृग-शिशु को सुकुमार,
छोड़ गगन में चंचल उडुगण
चरण-चिह्न लघु-भार,
नाग - दंत - नत इंद्रधनुष - पुल
करती तुम नित पार!

कभी स्वर्ग की थी तुम अप्सरि,
अब वसुधा की बाल;
जग के शैशव के विस्मय से
अपलक पलक-प्रवाल!
बाल युवतियों की सरसी में
चुगा मनोज्ञ मराल,
सिखलाती मृदु रोम हास तुम
चितवन-कला अराल!

तुम्हें खोजते छाया-वन में
अब भी कवि विख्यात
जब जग-जग निशि-प्रहरी जुगनू
सो जाते चिर प्रात;

सिहर लहर, मर्मर कर तरुवर,
तपक तड़ित् अज्ञात,
अब भी चुपके इंगित देते
गूँज मधुप कवि-भ्रात!

गौर-श्याम तन, बैठ प्रभा-तम
भगिनी-भ्रात सजात
बुनते मृदुल मसृण छायांचल
तुम्हें तन्वि! दिनरात,
स्वर्ण-सूत्र में रजत-हिलोरें
कंचु काढ़तीं प्रात,
सुरँग रेशमी पंख तितलियाँ
डुला, सिरातीं गात!

तुहिन-बिन्दु में इंदु रश्मि सी
सोई तुम चुपचाप
मुकुल-शयन में स्वप्न देखती
निज निरुपम छबि आप,
चटुल लहरियों से चल-चुंबित
मलय-मृदुल पद-चाप,
जलजों में निद्रित मधुपों से
करती मौनालाप!

नील रेशमी तम का कोमल
खोल-खोल कच-भार,
तार-तरल लहरा लहरांचल
स्वप्न विकच स्तन-हार;

शशि-कर सी लघुपद, सरसी में
करती तुम अभिसार,
दुग्ध-फेन शारद ज्योत्स्ना में
ज्योत्स्ना सी सुकुमार!

मेंहदी-युत मृदु करतल छबि से
कुसुमित सुभग सिंगार,
गौर देह-द्युति हिम शिखरों पर
बरस रही साभार;
पद-लालिमा उषा, पुलकित-पर
शशि-स्मित घन सोभार,
उडु-कंपन मृदु-मृदु उर-स्पंदन,
चपल वीचि पद-चार!

शत भावों के विकच दलों से
मंडित, एक प्रभात
खिली प्रथम सौंदर्य पद्‌म सी
तुम जग में नवजात;
भृंगों-से अगणित रवि, शशि, ग्रह
गूँज उठे अज्ञात,
जगज्जलधि हिल्लोल विलोड़ित
गंध-अंध दिशि-वात!

जगती के अनमिष पलकों पर
स्वर्णिम स्वप्न समान,
उदित हुई थीं तुम अनंत
यौवन में चिर अम्लान;

चंचल अंचल में फहरा कर
भावी स्वर्ण विहान,
स्मित आनन में नव प्रकाश से
दीपित नव दिनमान !

सखि, मानस के स्वर्ग-वास में
चिर सुख में आसीन,
अपनी ही सुषमा से अनुपम,
इच्छा में स्वाधीन;
प्रति युग में आतीं हो रंगिणि !
रच-रच रूप नवीन,
तुम सुर-नर-मुनि-ईप्सित अप्सरि !
त्रिभुवन भर में लीन !

अंग-अंग अभिनव शोभा का
नव वसंत सुकुमार,
भृकुटि-भंग नव-नव इच्छा के
भृंगों का गुंजार;
शत-शत मधु आकांक्षाओं से
स्पंदित पृथु उर-भार;
नव आशा के मृदु मुकुलों से
चुम्बित लघु पदचार !

निखिल विश्व ने निज गौरव
महिमा, सुषमा कर दान,
निज अपलक उर के स्वप्नों से
प्रतिमा कर निर्माण,

पल-पल का विस्मय, दिशि-दिशि की
प्रतिभा कर परिधान ;
तुम्हें कल्पना औ' रहस्य में
छिपा दिया अनजान !
जग के सुख-दुख, पाप-ताप,
तृष्णा-ज्वाला से हीन,
जरा - जन्म - भय - मरण - शून्य,
यौवनमयि, नित्य नवीन;

अतल विश्व शोभा वारिधि में
मज्जित जीवन-मीन,
तुम अदृश्य; अस्पृश्य अप्सरी,
निज सुख में तल्लीन !

फरवरी, १९३२]

नौका-विहार

शांत, स्निग्ध, ज्योत्स्ना उज्ज्वल !
अपलक अनंत, नीरव भूतल !
सैकत शय्या पर दुग्ध धवल, तन्वंगी गंगा, ग्रीष्म विरल,
लेटी हैं श्रांत, क्लांत, निश्चल !
तापस बाला गंगा-निर्मल, शशि-मुख से दीपित-मृदु करतल,
लहरें उर पर कोमल कुंतल !
गोरे अंगों पर सिहर-सिहर, लहराता तार-तरल सुन्दर
चंचल अंचल सा नीलांबर !
साड़ी की सिकुड़न सी जिस पर, शशि की रेशमी विभा से भर,
सिमटी हैं वर्तुल, मृदुल लहर !

चाँदनी रात का प्रथम प्रहर,
हम चले नाव लेकर सत्वर !
सिकता की सस्मित सीपी पर मोती की ज्योत्स्ना रही विचर
लो, पालें चढ़ीं, उठा लंगर !
मृदु मंद मंद, मंथर, मंथर लघु तरणि, हंसिनी सी सुन्दर
तिर रही, खोल पालों के पर !
निश्चल जल के शुचि दर्पण पर बिम्बित हो रजत पुलिन निर्भर
दुहरे ऊँचे लगते क्षण भर !
कालाकाँकर का राजभवन सोया जल में निश्चिन्त, प्रमन
पलकों पर वैभव-स्वप्न सघन !

नौका से उठती जल हिलोर,
हिल पड़ते नभ के ओर-छोर!
विस्फारित नयनों से निश्चल कुछ खोज रहे चल तारक दल
ज्योतित कर नभ का अंतस्तल;
जिनके लघु दीपों को चंचल, अंचल को ओट किये अविरल
फिरती लहरें लुक-छिप पल-पल!
सामने शुक्र की छवि झलमल, पैरती परी-सी जल में कल,
रुपहले कचों में हो ओझल!
लहरों के घूँघट से झुक-झुक दशमी का शशि निज तिर्यक् मुख
दिखलाता, मुग्धा सा रुक-रुक!

अब पहुँची चपला बीच धार;
छिप गया चाँदनी का कगार!
दो बाँहों से दूरस्थ तीर धारा का कृश कोमल शरीर
आलिंगन करने को अधीर!
अति दूर, क्षितिज पर विटप-माल लगती भ्रू-रेखा सी अराल
अपलक-नभ नील-नयन विशाल;
मा के उर पर शिशु सा, समीप, सोया धारा में एक द्वीप
ऊर्मिल प्रवाह को कर प्रतीप;
वह कौन विहग? क्या विकल कोक, उड़ता हरने निज विरह शोक?
छाया की कोकी को विलोक!

पतवार घुमा, अब प्रतनुभार
नौका घूमी विपरीत धार!
डाँडों के चल करतल पसार, भर-भर मुक्ताफल फेन-स्फार,
बिखराती जल में तार-हार!
चाँदी के साँपों सी रलमल नाचती रश्मियाँ जल में चल
रेखाओं सी खिंच तरल-सरल!
लहरों की लतिकाओं में खिल, सौ-सौ शशि, सौ-सौ उडु झिलमिल
फैले फूले जल में फेनिल!
अब उथला सरिता का प्रवाह, लग्गी से ले-ले सहज थाह
हम बढ़े घाट को सहोत्साह!

ज्यों-ज्यों लगती हैं नाव पार
उर में आलोकित शत विचार!
इस धारा सा ही जग का क्रम, शाश्वत इस जीवन का उद्गम,
शाश्वत है गति, शाश्वत संगम!
शाश्वत नभ का नीला विकास, शाश्वत शशि का यह रजत हास,
शाश्वत लघु लहरों का विलास!
हे जग-जीवन के कर्णधार! चिर जन्म-मरण के आर पार,
शाश्वत जीवन-नौका विहार!
मैं भूल गया अस्तित्व-ज्ञान का यह शाश्वत प्रमाण
करता मुझको अमरत्व दान!

४४

(क)

तेरा कैसा गान,
विहंगम ! तेरा कैसा गान ?
न गुरु से सीखे वेद पुराण,
न षड्दर्शन, न नीति विज्ञान,
तुझे कुछ भाषा का भो ज्ञान,
काव्य, रस छंदों की पहचान ?
न पिक-प्रतिभा का कर अभिमान,
मनन कर, मनन, शकुनि नादान !

हंसते हैं विद्वान,
गीत खग, तुझ पर सब विद्वान।
दूर, छाया-तरु वन में वास,
न जग के हास-अश्रु ही पास,
अरे, दुस्तर जग का आकाश,
गूढ़ रे छाया ग्रथित प्रकाश,
छोड़ पंखों की शून्य उड़ान,
वन्य खग ! विजन नीड़ के गान !

(ख)

मेरा कैसा गान,
न पूछो मेरा कैसा गान!
आज छाया वन-वन मधुमास,
मुग्ध मुकुलों में गंधोच्छ्वास;
लुढ़कता तृण-तृण में उल्लास,
डोलता पुलकाकुल वातास;
फूटता नभ में स्वर्ण विहान,
आज मेरे प्राणों में गान!

मुझे न अपना ध्यान,
कभी रे रहा न जग का ज्ञान!
सिहरते मेरे स्वर के साथ
विश्व-पुलकावलि से तरु-पात;
पार करते अनंत अज्ञात
गीत मेरे उठ सायं-प्रात;
गान ही में रे मेरे प्राण,
अखिल प्राणों में मेरे गान!

जुलाई, १९२७]

४५

चोंटियों की सी काली पाँति
गीत मेरे चल-फिर निशि-भोर,
फैलते जाते हैं बहु भाँति
बंधु। छूने अग जग के छोर!

लोल लहरों से यति-गति हीन
उमह, बह, फैल अकूल अपार,
अतल से उठ-उठ, हो-हो लीन
खो रहे बंधन गीत उदार!

दूब-से कर लघु-लघु पदचार
बिछ गये छा-छा गीत अछोर,
तुम्हारे पदतल छू सुकुमार
मृदुल पुलकावलि बन चहुँ ओर!

तुम्हारे परस-परस के साथ
प्रभा में पुलकित हो अम्लान
अंध-तम में जग के अज्ञात
जगमगाते तारों से गान!

हँस पड़े कुसुमों में छबिमान
जहाँ जग में पद-चिह्न पुनीत,
वहीं सुख के आँसू बन, प्राण!
ओस में लुढ़क, दमकते गीत!

बंधु! गीतों के पंख पसार
प्राण मेरे स्वर में लयमान
हो गए तुम से एकाकार
प्राण में तुम औ, तुम में प्राण!

●